企鵝阿湯的樂團

主編／吳咸蘭
作者／王人平、吳咸蘭、施慧宜、
　　　許瑋捷、陳慧淇、賴韻天、
　　　薛伊廷
繪者／Ohno Studio

| 目　標 | /ㄉ/、/ㄊ/ 兩者的發音位置都是用舌尖碰觸上齒齦。 |

| 錯誤型態 | 有些幼兒會將/ㄉ/和/ㄊ/的音用/ㄍ/和/ㄎ/來取代，例如：將「兔子」說成「褲子」，將「蛋塔」說成「幹卡」；換言之，舌尖音都發成舌根音，因此教學目標可以放在刺激/ㄉ/、/ㄊ/語音的出現。 |

| 使用策略 | 本書採用所謂「聽覺轟炸」的策略，將故事中的角色名稱和聲音都聚焦在/ㄉ/、/ㄊ/二音，讓幼兒在聽讀故事的過程中接受大量的聽覺刺激。 |

| 共讀小提示 | ▌ 在圖文中有顏色標示處是含目標音/ㄉ/和/ㄊ/的語詞，家長或教師唸讀故事時，可以適當加強音量和放慢速度，讓幼兒更清楚注意到這些語音。
▌ 藉由繪本共讀中的情境問答，誘發幼兒自發說出含有/ㄉ/和/ㄊ/的語詞和語音。
▌ 可以蒐集相對應的動物模型、玩具或樂器，一起玩發出/ㄉ/和/ㄊ/語音的節奏活動。 |

從前從前，有一隻很有名的企鵝音樂家，他的名字叫做阿湯。

阿湯為了找尋樂團成員，
搭著飛機來到了
一座小島。

一下飛機，阿湯就聽見了
各式各樣美妙的聲音。

讓我們一起來看看，

阿湯會遇見哪些夥伴吧！

阿_Y湯_{ㄊㄤ} ㄊㄚ ㄊㄚ ㄊㄚ 的_{ㄉㄜ}走_{ㄗㄡ}著_{ㄓㄜ} ⋯⋯

阿ㄚ多ㄉㄨㄛ用ㄩㄥ長ㄔㄤ長ㄔㄤ的ㄉㄜ嘴ㄗㄨㄟ巴ㄅㄚ啄ㄓㄨㄛ著ㄓㄜ樹ㄕㄨ木ㄇㄨ，
發ㄈㄚ出ㄔㄨ ㄅㄡ ㄅㄡ ㄅㄡ 的ㄉㄜ聲ㄕㄥ音ㄧㄣ。

阿湯 ㄊㄚ ㄊㄚ ㄊㄚ 的走著 ⋯⋯

阿ㄚ蹄ㄊㄧ用ㄩㄥ四ㄙ隻ㄓ長ㄔㄤ長ㄔㄤ的ㄉㄜ腳ㄐㄧㄠ踏ㄊㄚ步ㄅㄨ著ㄓㄜ，
發ㄈㄚ出ㄔㄨ ㄅㄡ ㄉㄨㄥ ㄅㄡ ㄉㄨㄥ 的ㄉㄜ聲ㄕㄥ音ㄧㄣ。

阿ㄚ湯ㄊㄤ ㄊㄨㄚ ㄊㄨㄚ ㄊㄨㄚ 的ㄉㄜ 走ㄗㄡ 著ㄓㄜ ……

阿泰用強壯的手臂捶著胸膛，發出ㄅㄨㄥ ㄅㄨㄥ ㄅㄨㄥ的聲音。

阿ㄚˋ湯ㄊㄤ 去ㄊㄚ 去ㄊㄚ 去ㄊㄚ 的ㄉㄜ˙走ㄗㄡˇ著ㄓㄜ˙ ……

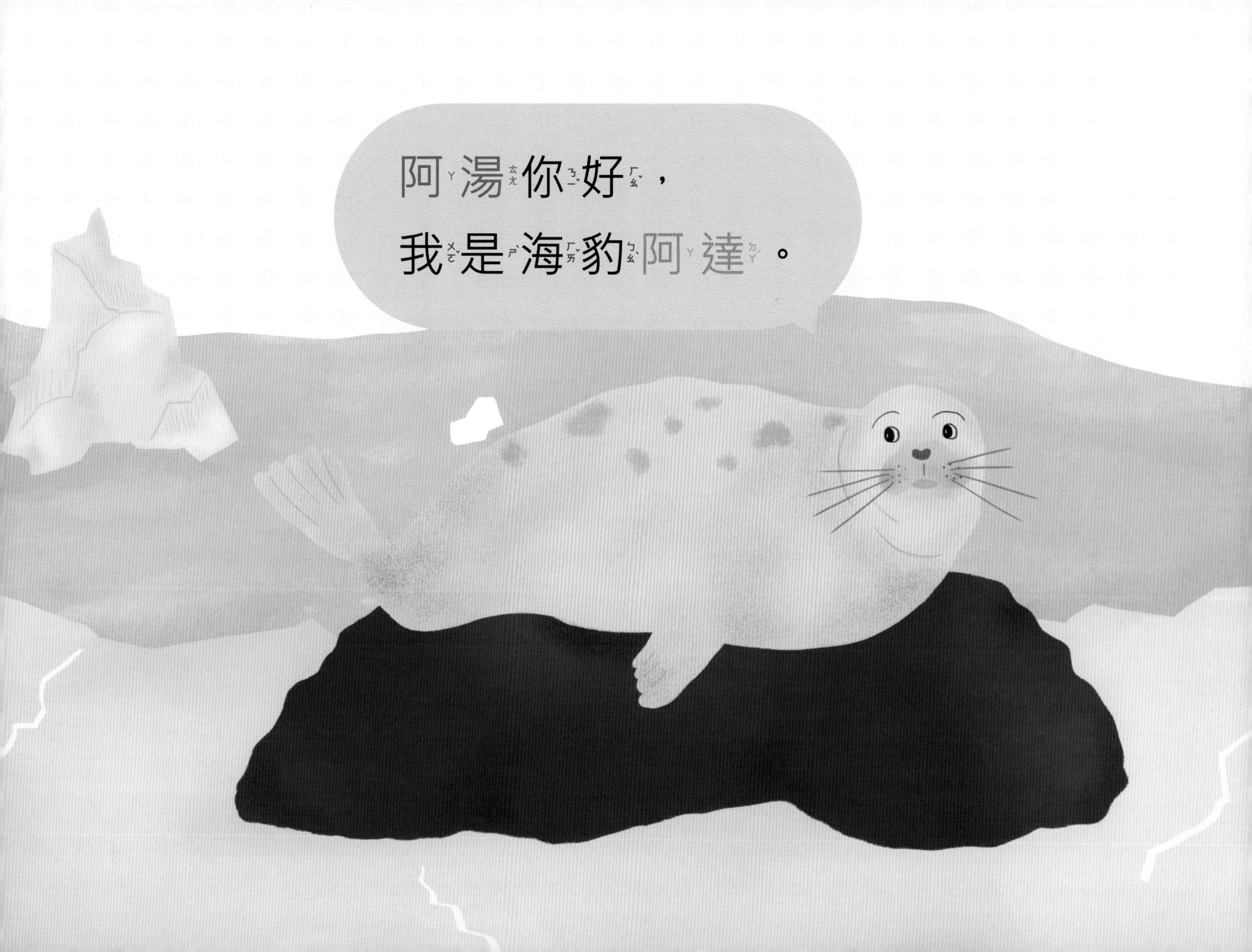
阿湯你好，
我是海豹阿達。

阿ㄚ達ㄉㄚˊ拍ㄆㄞ著ㄓㄜˋ大ㄉㄚˋ大ㄉㄚˋ的ㄉㄜ˙肚ㄉㄨˋ子ㄗˇ，
發ㄈㄚ出ㄔㄨ ㄅㄚ ㄅㄚ ㄅㄚ 的ㄉㄜ˙聲ㄕㄥ音ㄧㄣ。

大家在舞台上賣力的表演著，
台下觀眾開開心心的欣賞著，
真是熱鬧呀！

後來，阿湯的樂團受邀到世界各地巡迴，每個人都好喜歡他們的演出。

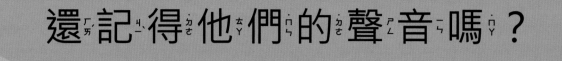

還記得他們的聲音嗎？

繪本簡介

這是一套由資深語言治療師指導與語言治療系學生共同創作的功能性繪本，既可作為親子共享閱讀樂趣的童書，也可作為誘發幼兒語音學習的教材。這五本繪本以幼兒在語音發展過程中常見的語音錯誤型態為主題，藉由特殊的內容設計，運用具有實證基礎的教學策略，讓親子在趣味故事和操作活動中，強化語音學習，更享受親子閱讀的樂趣！各繪本的簡介及適用發音型態如下，建議可依照幼兒需求而使用，更推薦整套運用，為幼兒預備完整的語音發展學習。

詳細介紹

《企鵝阿湯的樂團》
幼兒常將舌尖音錯發為舌根音，如將「兔」子說成「褲」子；本書目標在誘發ㄉ、ㄊ語音的出現。

《恐龍咕咕的一天》
幼兒常將舌根音錯發為舌尖音，如將阿「公」說成阿「東」；本書目標在刺激ㄍ、ㄎ語音的出現。

《聽聽看，老婆婆吞了什麼？》
持續送氣的語音ㄈ、ㄙ、ㄕ通常較晚發展出來，幼兒常將氣流阻斷而變成另一個語音，如將「番茄」說成「潘茄」；本書目標在誘發幼兒持續發出送氣的語音。

《聽我說，聽你說》
ㄢ、ㄤ、ㄣ、ㄥ的發音可分析為（開口的）母音＋（閉合的）鼻音，所以是由兩個音所組成，此稱為聲隨韻母。幼兒常將鼻音尾巴省略，如將「幫忙」唸成「巴麻」；本書目標在引導幼兒將聲隨韻母完整發音。

《我是快樂小店長》
幼兒常容易將送氣音ㄑ、ㄕ、ㄙ發成不送氣音，如將「七」唸成「雞」；本書目標在誘發幼兒正確發出送氣音。

主編介紹

吳咸蘭

（經歷）

國立高雄師範大學
特殊教育學系專任助理教授

國立高雄師範大學
聽力學與語言治療研究所兼任助理教授

中華醫事科技大學
語言治療系助理教授兼系主任

作者群介紹

王人平、吳咸蘭、施慧宜、許瑋捷、
陳慧淇、賴韻天、薛伊廷
（依姓氏筆畫排序）

本系列繪本由資深語言治療師指導與語言治療系學生共同創作，內容乃針對華語兒童常見之構音/音韻錯誤而設計。繪本初稿參與「2020全國科技校院聽語治療實務設計競賽」榮獲兒童組第一名，經過重新編修與繪圖，本叢書得以誕生。我們希望透過共讀活動增進孩子對語音的覺察並體驗語言的趣味，只要善用策略與技巧，所有孩子都適用。

繪者介紹

Ohno Studio

「Ohno!」就像是從貨車上掉下來摔破在馬路中央的花瓶。散落在土堆及碎片裡的花，在這黯淡無奇的道路上創造了突如其來的美、置入了超現實的瞬間。喜歡任何視覺相關的事物，提供動畫、平面設計和配樂的服務。不喜歡太過正經的東西，希望能在平凡中，創作出令人感到舒服及驚艷的不平凡。

溝通障礙系列65047

企鵝阿湯的樂團

主　　　編：吳咸蘭
作　　　者：王人平、吳咸蘭、施慧宜、許瑋捷、
　　　　　　陳慧淇、賴韻天、薛伊廷
繪　　　者：Ohno Studio
執行編輯：陳文玲
總 編 輯：林敬堯
發 行 人：洪有義
出 版 社：心理出版社股份有限公司
地　　　址：231026 新北市新店區光明街 288 號 7 樓

電　　　話：(02) 29150566
傳　　　真：(02) 29152928
郵撥帳號：19293172 心理出版社股份有限公司
網　　　址：https://www.psy.com.tw
電子信箱：psychoco@ms15.hinet.net
排版印刷：昕皇企業有限公司
初版一刷：2023 年 1 月
I S B N：978-626-7178-22-5
定　　　價：新台幣 350 元